Jardin de (p)roses

Lamia Milorgh

© Lamia MILORGH, 2024
Instagram: @grainesdepoesie

Correction: Néné-Gallé Diop, Sayaga/LéaB
Illustration: Fatima Seehar
Autre contributeur: Samia Mahammed

Édition: BoD · Books on Demand, 31 avenue Saint-Rémy, 57600 Forbach, bod@bod.fr
Impression: Libri Plureos GmbH, Friedensallee 273, 22763 Hamburg (Allemagne)

ISBN: 978-2-3225-5614-4
Dépôt légal: Juillet 2024

Je dédie ce livre aux personnes qui, de par leur pluie d'encouragements, de compliments et de soutien ont abreuvé le jardin de (p)roses, permettant ainsi son éclosion. Je le dédie également à celles et ceux qui, de par leurs histoires de vie, leurs cœurs meurtris ou adoucis, m'ont inspiré cette poésie.

Pour finir, je remercie mes amies qui ont délicatement extirpé les quelques mauvaises herbes tortueusement glissées entre les allées.

Sommaire

La poésie, telle une pluie, fleurit les âmes décaties, abreuve les esprits flétris, arrose d'euphorie les êtres rembrunis.

*Jardin de roses, contrée où le cœur
se livre en prose*

Jardin de proses, éden où le cœur se repose

Graines d'amour passionné ou accablé, graines de nature apaisée ou troublée, graines de réalité enjouée ou tourmentée. Diversités et variétés pour vous charmer, dans cette parcelle chamarrée.

Jardin de (p)roses

Et si vous laissiez vos tracas à demain, m'autorisiez à vous prendre la main, m'accompagniez dans mon jardin ?

Et si la visite se déroulait en trois parties, et qu'une fois finie, votre cœur serait empreint de magie, de mélancolie et de poésie ?

Et si l'enchaînement de mes mots soulageait vos maux, atténuait le chaos, rendait le monde plus beau ?

Et si mes quatrains, l'air de rien, apaisaient vos chagrins, vous guidaient vers un chemin plus serein, apportant entrain et soutien?

Poëmes brûlants de passion
Strophes d'amour et d'affection
Quatrains bercés d'illusions
Vers parsemés d'affliction

Jardin de (p)roses

Parcelle 1: Les pétales

Délicats pétales de rose, cueillis au jardin de (p)roses, pour un moment d'hypnose dans cet éden grandiose.
Pétales d'amour, symbole de passion, d'affection et d'inclination.
Ils demeurent, dans tout cœur, un élément de bonheur, de douleur et de douceur.

I

Regard imprégné de douceur
Illuminé par d'exquises lueurs
Éclairé par mille couleurs
Transperçant âmes et cœurs

Amour crépitant et brûlant
Embrasant chaque moment
Désir engouffrant et dévorant
Consumant chaque instant

Regard pénétrant et amoureux
Papillons dansant en mon creux
Étincelles allumant mes yeux
Doux sentiments bien précieux

Amour enfiévré de passion
Amplifiant chaque émotion
Mélange d'ivresse et d'exaltation
Enflammant chaque sensation

Jardin de (p)roses

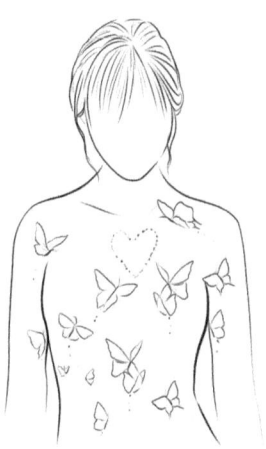

II

Passion dévorante et brûlante
Âme éperdue dans la tourmente
Émotion violente et puissante
Âme bouleversée dans l'attente

Cœur éclatant de bonheur
Âme éperdue dans la douceur
Sentiment enchanteur et trompeur
Âme bouleversée dans la stupeur

Inclination profonde et sincère
Âme éperdue dans l'imaginaire
Émotion fourbe et mensongère
Âme bouleversée dans la colère

Amour puissant et pesant
Âme éperdue dans l'égarement
Sentiment déchirant et angoissant
Âme bouleversée dans l'accablement

Jardin de (p)roses

III

Mariage d'amour ou de raison
Choix entre bon sens et passion
Duel entre devoir et inclination
Tourments de doutes profonds

Objet d'affection et de désir
Auteur de ses éclats de rires
Source de chacun de ses sourires
Est-ce toi qu'elle doit choisir ?

Objet d'estime et d'amitié
Auteur de débats enflammés
Source d'un avenir assuré
Est-ce toi qu'elle doit préférer ?

Mariage de cœur ou d'esprit
Choix entre sympathie et harmonie
Duel entre alliance et alchimie
Tourments de doutes et de conflits

Jardin de (p)roses

IV

Amour secret et désespéré
Cœur prisonnier, condamné
Histoire impossible et insensée
Union utopique, hors de portée

Peines et douleurs violentes
Larmes d'amour, sanglantes
Peines et douleurs pénétrantes
Larmes d'amour, tranchantes

Passion électrique et unique
Sentiments irréels, chimériques
Attrait physique et magnétique
Relation fallacieuse, onirique

Peines et douleurs orageuses
Larmes d'amour, douloureuses
Peines et douleurs ténébreuses
Larmes d'amour, silencieuses

Jardin de (p)roses

V

Crinière rousse bercée par le vent
Profitant d'un souffle revigorant
Pour apaiser un amour ardent
Dépassant tout entendement

Chevelure châtain agitée par la brise
Pensant à sa dulcinée promise
Qui pour peu, fut conquise
La prenant déjà pour acquise

Pénétrée d'une profonde inclination
Imprégnée d'une tempétueuse passion
Bien douloureuse fut sa déception
Lorsqu'elle s'aperçut de sa trahison

Empêtré dans de vastes regrets
Enchaîné à sa culpabilité
Condamné pour son indignité
Il abandonna celle qui l'aimait

Jardin de (p)roses

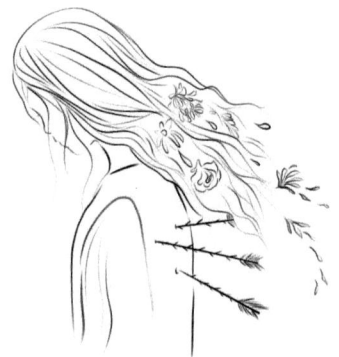

VI

L'incandescence de son âme
En proie d'un cœur en flamme
Trahi par un regard de larmes
Pour celle que son corps réclame

Amour explosant ses entrailles
Passion amplifiée par mille détails
Son esprit désorienté, déraille
Son discernement, dépassé, défaille

Sentiments mis en joute
Par son cœur en déroute
Assailli par les affres du doute
Peur et douleur qu'il redoute

Sa dulcinée, lasse d'espérer
Le laisse comble de regrets
La flamme s'est essoufflée
Laissant son cœur se consumer

VII

De la hauteur de ce pont
Il te déclare son inclination
Fondement d'un amour profond
Racine d'un amour passion

À l'ombre du château de Joux
Près de toi, debout
Tout son amour, il t'avoue
Lui, ton futur époux

En ce lieu qui vous unit
Tu es celle qu'il a choisie
Il te fait sienne pour la vie
Ô toi, son amour promis

À ton doigt sept diamants
En gage de son attachement
Témoins d'un amour poignant
Ô toi, qu'il désire ardemment

Jardin de (p)roses

VIII

La profondeur de ses yeux
Teintée de reflets amoureux
Enfonce en son cœur un pieu
De doux sentiments périlleux

Inclination et passion
Et toutes autres sensations
Sont de vastes illusions
Menant à la damnation

Inclination et passion
Et toutes autres sensations
Sont de vastes connexions
Menant à la communion

Attachement périlleux ou attachement merveilleux
Sentiments creux ou sentiments langoureux
Risques dangereux ou risques courageux
L'amour demeure un risque impétueux

Jardin de (p)roses

IX

Dans ces somptueux jardins d'amour
Sous un ciel de velours
Leurs cœurs, liés pour toujours
Se sont accordés sans discours

Après tant d'années sans se voir
Mais à toujours y croire
Espérant le début de leur histoire
Surmontant crainte et désespoir

Après tant d'années éloignés
Ils se sont enfin retrouvés
Vainquant diverses difficultés
Pour vivre leur passion enflammée

Après tant d'années d'incertitudes
Et de longues soirées de lassitude
Leurs âmes, emplies de gratitude
Sont désormais empreintes de quiétude

Jardin de (p)roses

Jardin de (p)roses

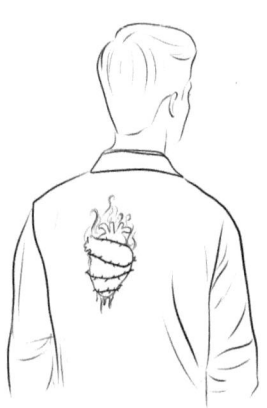

X

Les jours et les semaines passent
Mais de sa mémoire tu ne t'effaces
Dans son cœur tu as pris place
Le marquant de profondes traces

Les mois et les années s'envolent
Son âme est devenue une geôle
Prisonnière d'un cœur en désole
Et de sentiments hors de contrôle

Des décennies sont passées
Dans sa mémoire tu es resté
Mais de son cœur tu es exilé
Condamné pour ta lâcheté

Des siècles se sont envolés
Ses pensées t'ont délaissé
Laissant dans le ciel s'envoler
Une passion enflammée

Jardin de (p)roses

XI

Elle l'a attendu le cœur battant
Pour le voir ne serait-ce qu'un instant
Mais après une attente d'un long moment
Elle est restée seule face au néant

Dans son cœur le désappointement
Mais toujours de forts sentiments
Enchevêtrés à un solide attachement
C'est donc avec patience qu'elle attend

Elle attend ce doux moment
Où leurs cœurs, s'appelant
Diront qu'ils s'aiment, en criant
Diront qu'ils s'aiment, en hurlant

Elle attend ce doux moment
Durant lequel, aimablement
Ils scelleront leur engagement
Pour un amour de tout instant

Jardin de (p)roses

XII

Corps portant fièrement la vie
Petit être confortablement blotti
Fruit d'amour et d'harmonie
Flamme de passion et d'alchimie

Porté de longs mois avec courage
Petit être s'épanouit, bien sage
Attendant son prochain voyage
Bien au chaud dans son nuage

Corps et cœurs battant à l'unisson
Petit être attend sa libération
Fruit de tendresse et d'affection
Flamme de désir et d'inclination

La délivrance arrive tout doucement
Petit être n'en a plus pour longtemps
Douleur et douceur s'enchevêtrant
Pointe de crainte et pic d'émerveillement

Jardin de (p)roses

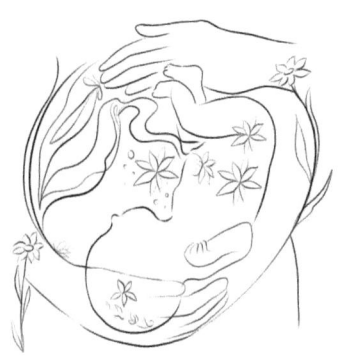

Jardin d'amour et de velours, ensemencé
d'émotions mêlant passion et affliction,
ponctué de pousses de sentiments
ardents et violents

Jardin de (p)roses

Et si la vue des pétales, de leurs éclats aux mille cristaux, de leurs halos amicaux, de leurs airs royaux vous avait rendu sentimentaux ?

Et si vous libériez vos émotions, faisiez flamber votre passion, danser vos papillons et criiez votre admiration ?

Et si vous déclariez avec bravoure votre amour, faisiez de beaux discours sans détours, aimiez pour toujours ?

Et si nous continuions notre traversée du jardin, découvrions de nouveaux coins, empruntions un second chemin ?

Poëmes empreints de nature
Strophes peuplées de créatures
Quatrains ensemencés de verdure
Vers invitant à mille aventures

Jardin de (p)roses

Parcelle 2: Les feuilles

Précieuses feuilles de roses, observées au jardin de (p)roses, pour un moment de pause, où toute âme se repose.

Symbole de nature, de verdure et de parure, elles murmurent et rassurent.

De leurs ombres bienveillantes et rassurantes, elles sont charmantes et élégantes. Elles nous enchantent de leur beauté innocente et pénétrante.

XIII

Crocus à demi éclos
Dans ce jardin de repos
Mon cœur dans ce hameau
Se tient bien au chaud

Cerisier en fleur
Dans ce jardin de douceur
Mon cœur dans cette demeure
Est empreint de bonheur

Magnolia s'épanouissant
Dans ce jardin accueillant
Mon cœur en cet instant
S'apaise tout tendrement

Pivoine se parant de rose
Dans ce jardin grandiose
Mon cœur mis en pause
Se livre en grande prose

Jardin de (p)roses

XIV

Étoiles dansant autour du soleil
Sans que leurs pas ne s'enrayent
Elles n'ont pas leur pareil
Et chaque nuit nous émerveillent

Abeille en quête de nectaire
Pollens virevoltant dans l'air
Assurant des jardins prospères
Siège de paix bien salutaire

Poissons tourbillonnant dans l'eau
Arpentant et fendant les flots
Dessous de grands vaisseaux
Avançant et voguant en faisceau

Oiseaux volant dans le ciel
Fuyant des pluies torrentielles
Évitant les dômes industriels
En quête de repos perpétuel

Jardin de (p)roses

XV

Soleil brillant de mille feux
Rayons aux reflets lumineux
Oiseaux volant dans les cieux
Prémices de jours radieux

Herbes fraîches et verdoyantes
Eau transparente et ondulante
Brise apaisante et vibrante
Prémices de journées plaisantes

Mare hébergeant mille habitants
Rainettes chantant doucement
Colverts nageant paisiblement
Prémices de jours reposants

Forêt majestueuse et joyeuse
Clairière radieuse et lumineuse
Lande chaleureuse et silencieuse
Prémices de journées heureuses

Jardin de (p)roses

XVI

Soleil dorant les champs
Vent agitant les océans
Pluie arrosant les plants
Sérénité allégeant l'instant

Nuages abritant les dames
Fleurs étalant leurs charmes
Brises séchant les larmes
Quiétude apaisant les âmes

Pierres encadrant les chemins
Bosquets entourant les jardins
Lierres enlaçant les rondins
Sérénité allégeant les chagrins

Arbres ombrant les lecteurs
Nuits berçant les rêveurs
Étoiles guidant les voyageurs
Quiétude apaisant les peurs

Jardin de (p)roses

XVII

Forêt mystérieuse et facétieuse
Peuplée de créatures malicieuses
D'allées joyeuses et ténébreuses
Berceau d'histoires merveilleuses

Lieu de paix et de bonheur
Elle accueille les promeneurs
Illumine et réchauffe les cœurs
Berceau de calme et de douceur

Forêt fascinante et charmante
Habitée de fleurs surprenantes
De tortilles plaisantes et amusantes
Berceau de repos et de détente

Lieu de quiétude et de sérénité
Elle berce les âmes angoissées
Apaise et soulage de l'anxiété
Berceau de silence et de secrets

Jardin de (p)roses

XVIII

Ruisseaux s'écoulant paisiblement
Nénuphars s'étendant gaiement
Roseaux s'agitant fébrilement
Âme en paix, se prélassant

Grenouilles sautant avec malice
Fleurs se parant d'artifices
Arbres offrant mille délices
Âme en paix, admiratrice

Jardin abondant de roses
Papillons volant en osmose
Rossignols chantant en prose
Âme en paix, se repose

Lièvres gambadant avec agilité
Chiens débordant d'amitié
Araignées brodant avec habilité
Âme en paix, rassérénée

Jardin de (p)roses

XIX

Plongeons dans l'eau bleue
Vagues caressant les cheveux
Paysages et coquillages somptueux
Houle d'étincelles plein les yeux

Peau chauffée par un soleil d'été
Chaleur apaisant un corps éreinté
Peau amère, salée par la marée
Flots soulageant un esprit épuisé

Panier-repas réjouissant nos cœurs
Papilles éveillées par mille odeurs
Limonades pleines de fraîcheur
Gosiers revigorés par mille saveurs

Jeux bruyants et joyeux chaos
Minots s'amusant sur le sable chaud
Ballons rebondissants toujours plus haut
Rires et cris stridents éclatant avec écho

Jardin de (p)roses

XX

Valises et paquets enfin bouclés
Tracas et soucis mis de côté
Liberté et gaieté empaquetées
Départ pour des jours de légèreté

Paysages défilant sous mes yeux
Tantôt fébrile, tantôt heureux
Anticipant ces moments précieux
Départ pour des jours délicieux

Odeurs d'été flottant dans l'air
Pieds nus foulant la terre
Soleil propageant sa lumière
Départ pour des jours prospères

Destination éveillant mille souvenirs
Éclairant les visages de doux sourires
Égaillant l'air d'attendrissants rires
Départ pour des jours de plaisir

Jardin de (p)roses

XXI

Pas guidés vers la paix
Cœur rêvant de légèreté
Âme en quête de liberté
Esprit libéré de toutes pensées

Chemin faisant vers l'apaisement
Admirant des paysages florissants
Profitant d'un soleil éclatant
Appréciant ces doux moments

Pas guidés vers l'harmonie
Cœur rêvant de fantaisie
Âme en quête de poésie
Esprit libéré de tout conflit

Chemin faisant vers le soulagement
Admirant des paysages étourdissants
Profitant d'un soleil éblouissant
Appréciant ces doux instants

Jardin de (p)roses

XXII

Courant cheveux au vent
Profitant de ce moment
Pour admirer l'océan
Propice à moult agréments

Chemin défilant sous mes pas
Sous une brise au parfum délicat
Sous un soleil brillant de mille éclats
Envolés, petits et grands tracas

Courant les jambes légères
Profitant de ce bol d'air
Pour admirer la bruyère
Propice à moult mystères

Sentier défilant sous mes pieds
Sous une pluie au parfum d'été
Sous des nuages emplis de volupté
Envolées, petites et grandes contrariétés

Jardin de (p)roses

XXIII

Après une marche de dur labeur
Me voilà enfin sur les hauteurs
D'un mont plein de douceurs
D'un sommet plein de couleurs

Ce paysage aux mille beautés
Aux arbres et fleurs bariolés
Aux senteurs et parfums variés
Regorge de délices cachés

Ce paysage aux mille éclats
Aux arbres et fleurs d'apparat
Aux senteurs et parfums délicats
Enchante les âmes de son aura

Après une marche de douce évasion
La nature, délicate création
Véritable source d'inspiration
Suscite toujours tant d'émotions

Jardin de (p)roses

XXIV

Petit être poilu
À la queue touffue
Au petit corps trapu
À l'esprit fort têtu

Petit être de coton
Au caractère polisson
Gambadant sous les ponts
Planifiant mille évasions

Petit être bien malin
À la tête de coquin
Courant dans mon jardin
À la recherche de larcins

Petit être de mon cœur
Aux petits yeux rieurs
Aux sourires ravageurs
Véritable source de bonheur

Jardin de (p)roses

Jardin aux mille chemins, parsemé de
graines diverses et variées, sensation
d'ivresse colorée émanant de cet
éden bariolé

Jardin de (p)roses

Et si l'appel de la nature vous avait inspiré de nouvelles aventures, encouragé pour l'écriture, atténué vos blessures, insufflé un air plus pur ?

Et si vous preniez vos souliers, partiez en randonnée, admiriez la traversée, profitiez de cette légèreté pour libérer vos pensées ?

Et si vous preniez de la hauteur, chantiez votre bonheur, savouriez mille douceurs, découvriez mille saveurs ?

Et si, cher(e) camarade, nous prenions une limonade, continuions notre balade, poursuivions cette escapade ?

Poèmes consumés de tourments
Strophes teintées d'accablement
Quatrains angoissants et déchirants
Vers torturés appelant à l'apaisement

Parcelle 3: Les épines

Perfides épines de roses, aperçues au jardin de (p)roses, prêtes à vous charmer, vous attirer puis vous piquer.

Méfiance et défiance, ont leur importance, pour parer manigance et inconstance. Gardez distances et confidences, éveillez vos sens, agissez avec prudence pour vous épargner toutes souffrances.

XXV

Vase débordant de larmes
Sanglot comme seul arme
Portrait sans charme
D'un cœur sans âme

Sentiment de vide persistant
Impression de deuil constant
Pluie de pleurs, déchirant
Cœur en peine, agonisant

Des tourments en abondance
Un esprit en pénitence
Des pensées en affluence
Une âme esseulée en souffrance

Sensibilité touchée et consumée
Corps en peine, emprisonné
En proie de douleurs enflammées
En quête de paix tant espérée

Jardin de (p)roses

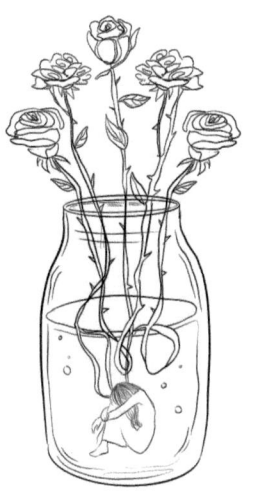

XXVI

Cœur comprimé et serré
Las de penser au passé
Harassé de panser les plaies
Dévoré de pensées insensées

Âme consumée par l'incertitude
Lasse de mille inquiétudes
Enfiévrée par diverses turpitudes
S'enfonçant dans la solitude

Cœur en proie de démons
Las de sa triste prison
Gangrené par moult poisons
Assiégé de maintes suppositions

Âme plongée dans la pénombre
Lasse d'un avenir sombre
Étouffant sous les décombres
D'un monde sans ombres

Jardin de (p)roses

XXVII

Marchant sous un soleil ardent
Le long de chemins éreintants
Sur son dos des fardeaux pesants
Sur ses plaies de solides pansements

Parcourant divers chemins enchevêtrés
En quête de paix et de vérité
Affrontant mensonges et réalités
Défiant rancœurs et regrets

Les sentiers défilent sous ses pas
Avançant dans l'ombre de séquoias
Ses pensées volent en éclats
Dans l'obscurité de ces bois

Son périple l'amène à la clairière
Un lieu de repos prospère
Offrant à son âme solitaire
Un repos bien salutaire

Jardin de (p)roses

XXVIII

La mer enragée s'est calmée
Le flot des vagues s'est apaisé
L'écume agitée s'est retirée
L'amertume s'est envolée

La tornade s'est assoupie
L'orage s'est endormi
Le tumulte s'est adouci
Le vent s'est engourdi

Les secousses se sont éloignées
Les tremblements se sont atténués
Les failles se sont assemblées
Les dégâts se sont estompés

Après le chaos, la paix
Après les rêves, la réalité
Après le danger, la sécurité
Ainsi va la vie, en toute liberté

Jardin de (p)roses

XXIX

Tourmentée par de sombres murmures
Son esprit ne cesse cette torture
De repenser à toutes ces blessures
Qui ont fragmenté son armure

La sérénité s'en est allée
Les espoirs se sont envolés
L'angoisse s'est installée
La douleur s'est ancrée

Les promesses comme trahison
La solitude comme guérison
L'incertitude comme horizon
Les pensées comme poison

Confiance donnée et brisée
Cœur cassé et émietté
Corps abîmé et épuisé
Son âme effondrée veut abandonner

Jardin de (p)roses

XXX

Amitié blessée, amitié brisée
Tristesse teintée de mille regrets
Confiance brûlée et consumée
Début de tourments insoupçonnés

L'amitié n'est qu'illusoire
Siège de déceptions notoires
Début de mille déboires
Gouffre profond de désespoir

Amitié disparue, amitié perdue
Tristesse teintée de vide absolu
Confiance rompue et révolue
Début de tourments abstrus

L'amitié n'est qu'illusion
Siège de diverses déceptions
Début de mille afflictions
Gouffre profond de désolation

Jardin de (p)roses

XXXI

Le temps, en sa course effrénée
Nous opprime de tous côtés
Nous consume avec avidité
Nous submerge de mille regrets

Accompagné d'une pluie d'ennuis
D'un torrent de multiples soucis
D'une averse de mille péripéties
Il tourmente et trouble nos esprits

Envolé, le temps de l'innocence
Effacée, notre tendre enfance
Oubliées, les puériles jouissances
Évaporés, les rires en abondance

Le passé est perdu et révolu
Les souvenirs ont disparu
Le futur, incertain et inconnu
Nous livre son lot d'inattendus

Jardin de (p)roses

XXXII

Ô longues nuits sans sommeil
Ponctuées de mille réveils
De mauvais rêves sans pareil
De démons perfides en éveil

Ô longues nuits sans douceur
Ponctuées de mille frayeurs
D'angoisses étouffant les cœurs
De terreurs persistant des heures

Ô longues nuits sans repos
Ponctuées de mille maux
De bruits attisant le chaos
De frissons caressant la peau

Ô longues nuits de tourments
C'est avec fébrilité que j'attends
L'affaissement de cet acharnement
L'anéantissement de cet accablement

Jardin de (p)roses

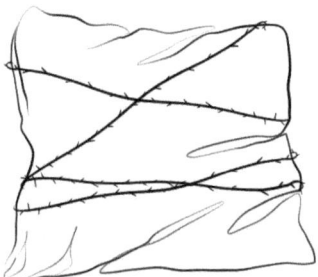

XXXIII

Gouttes courant sur mes carreaux
Éclairs semant terreur et chaos
Orage perturbant tout repos
Pluie inondant les hameaux

Rayons séchant mes larmes
Soleil qui réchauffe mon âme
Chaleur apaisant mille blâmes
Lumière sur un cœur en flamme

Gouttes roulant sur mon visage
Éclairs emportant mon courage
Orage dans mon esprit en cage
Pluie apaisant ma rage

Rayons caressant mes vitres
Soleil effleurant mon pupitre
Chaleur émanant de mes épîtres
Lumière sur un nouveau chapitre

Jardin de (p)roses

XXXIV

Larmes aveuglant les yeux
Douleur enfonçant un pieu
Esprit agonisant et malheureux
Cœur vide et sentiments creux

Deuil et douleur entrelacés
Tourments d'un être abîmé
Souffrances d'une âme ébréchée
Perte et peine enchevêtrées

Vacillant entre désirs et espoirs
Priant et suppliant pour le revoir
Implorant et rêvant de l'apercevoir
Sombrant périlleusement dans l'illusoire

Émergeant fragilement dans le présent
Tenaillée par mille déchirements
Torturée par mille accablements
Souffrant la perte de son confident

Jardin de (p)roses

XXXV

Journées s'allongeant sans fin
Monotonie menant au déclin
Remontées de souvenirs lointains
Mélancolie poussant au chagrin

Remuée par des flots d'ennuis
Ballottée dans une houle de soucis
Secouée par une marée de conflits
Noyade dans des vagues de nostalgie

Nuits noires s'éternisant lentement
Obscurité et ténèbres la pétrifiant
Cauchemars s'enchaînant lourdement
Peur et torpeur la paralysant

Envolée dans un ciel hanté de regrets
Effacée par des nuages de morosité
Égarée dans un horizon de difficultés
Glissade dans une pluie de secrets

Jardin de (p)roses

XXXVI

Contrée de tourments
Ville de l'éloignement
Lieu de désagréments
Empire d'accablement

Ses rues dénuées de charmes
Théâtre d'œuvres infâmes
Abritant larmes et drames
Sont vides et sans âme

Métropole de l'ennui
Citadelle de conflits
Bastide teintée de soucis
Bourgade à l'agonie

Ses allées privées de beautés
Source de maux répétés
Hébergeant regrets et morosité
Sont ternes et sans gaîté

Jardin de (p)roses

XXXVII

Nuits sombres et bruits assourdissants
Froid mordant et coups violents
Douleurs perçantes et enfants hurlants
Pénombres teintées de mille tourments

Journées enténébrées et armes chargées
Pluie de cœurs et de corps mutilés
Innocents condamnés et rêves brisés
Pénombres teintées de mille atrocités

Nuit ardentes et flammes croissantes
Froid poignant et armes bruyantes
Douleurs lancinantes et plaies sanglantes
Pénombres teintées de mille épouvantes

Journées denses et lourds silences
Pluie de malheurs et peurs intenses
Innocents en abondance et sans défenses
Pénombres teintées de mille souffrances

Jardin de (p)roses

XXXVIII

Effroi et désarroi dans la nuit
Perturbant celle-ci d'insomnies
Ennuis et conflits dans son esprit
Alourdissant celui-ci de soucis

Flammes consumant de l'intérieur
Larmes émanant d'un cœur en pleurs
Braises enflammant tout bonheur
Sanglots ruisselant des heures

Sentiments à fleur de peau
Pensées résonnant avec chaos
Sensibilité brisée en morceaux
Émotions noyées dans les flots

Tristesse et faiblesse dans l'âme
Assombrissant ses joues de larmes
Détresse et paresse infâme
Embrumant ses pensées de drames

Jardin de (p)roses

XXXIX

Âme seule ce soir
Assise dans le noir
Dénuée de tout espoir
Perdue dans l'illusoire

Ses pensées se déchaînent
La remplissent de haine
La torturent, l'enchaînent
L'enferment dans sa peine

Ses cris de détresse
Raisonnent en sa forteresse
Seule dans sa faiblesse
Elle crie, pleure, s'affaisse

Son corps est épuisé
Il ne veut plus penser
Son cœur est éreinté
Il veut abandonner

Jardin de (p)roses

XL

Pic de douleur
Explosant son cœur
Réveillant ses peurs
Altérant son humeur

Dans le flot de ses pensées
Des vagues de tourments déchaînés
Déferlent avec force et ténacité
Noyant l'espoir avec dureté

Grande est sa peine
Lourdes sont ses chaînes
Profonde est sa haine
Taillées sont ses veines

Son corps s'engourdit lentement
Son âme se vide doucement
Les regrets l'envahissent brutalement
Elle doit se réveiller, maintenant

Jardin de (p)roses

Jardin arrosé d'une pluie de mélancolie, intensifiant ainsi asthénie et agonie, amplifiant par conséquent tourment et déchirement

Jardin de (p)roses

Et si la douleur des épines était un moteur aidant à prendre conscience de ses erreurs, de s'affranchir de mille peurs et terreurs empêchant le bonheur, de devenir meilleur ?

Et si c'était le moment d'apporter de la couleur et de la chaleur dans les cœurs ? De prendre de la hauteur, d'apporter une lueur de douceur aux horreurs et malheurs brûlant à l'intérieur ?

Et si c'était le temps du renouveau, de réparer les accrocs, de s'accorder du repos, s'entourer d'amis loyaux, de profiter d'un monde plus beau ?

Et si la fin de notre balade était le début d'une croisade contre ce qui nous rend malade ?

Lamia Milorgh

Jardin de (p)roses

Édition: BoD · Books on Demand, 31 avenue Saint-
Rémy, 57600 Forbach, bod@bod.fr
Impression: Libri Plureos GmbH, Friedensallee 273,
22763 Hamburg (Allemagne)

ISBN: 978-2-3225-5614-4
Dépôt légal: Juillet 2024